Les plus belles fables

de

Jean de La Fontaine

Atlantic Editions

Avec les illustrations originales de
Benjamin Rabier, Calvet-Rogniat,
Auguste Vimar et Gustave Doré.

Sommaire

La grenouille qui veut se faire aussi grosse que le boeuf

Une Grenouille vit un Boeuf
Qui lui sembla de belle taille.
Elle, qui n'était pas grosse en tout comme un oeuf,
Envieuse, s'étend, et s'enfle, et se travaille,
Pour égaler l'animal en grosseur,
Disant : « Regardez bien, ma soeur ;
Est-ce assez ? dites-moi ; n'y suis-je point encor ?
— Nenni. — M'y voici donc ? — Point du tout. — M'y voilà ?
— Vous n'en approchez point. » La chétive pécore
S'enfla si bien qu'elle creva.

Le monde est plein de gens qui ne sont pas plus sages :
Tout bourgeois veut bâtir comme les grands seigneurs,
Tout petit prince a des ambassadeurs,
Tout marquis veut avoir des pages.

La cigale et la fourmi

La Cigale, ayant chanté
Tout l'été,
Se trouva fort dépourvue
Quand la bise fut venue :
Pas un seul petit morceau
De mouche ou de vermisseau.
Elle alla crier famine
Chez la Fourmi sa voisine,
La priant de lui prêter
Quelque grain pour subsister
Jusqu'à la saison nouvelle.

« Je vous paierai, lui dit-elle,

Avant l'Oût, foi d'animal,

Intérêt et principal. »

La Fourmi n'est pas prêteuse :

C'est là son moindre défaut.

« Que faisiez-vous au temps chaud ?

Dit-elle à cette emprunteuse.

— Nuit et jour à tout venant

Je chantais, ne vous déplaise.

— Vous chantiez ? j'en suis fort aise.

Eh bien! dansez maintenant. »

Conseil tenu par les rats

Un Chat, nommé Rodilardus

Faisait des Rats telle déconfiture

Que l'on n'en voyait presque plus,

Tant il en avait mis dedans la sépulture.

Le peu qu'il en restait, n'osant quitter son trou,

Ne trouvait à manger que le quart de son sou,

Et Rodilard passait, chez la gent misérable,

Non pour un chat, mais pour un diable.

Or un jour qu'au haut et au loin

Le galant alla chercher femme,

Pendant tout le sabbat qu'il fit avec sa dame,

Le demeurant des Rats tint chapitre* en un coin
Sur la nécessité présente.

Dès l'abord, leur doyen, personne fort prudente,
Opina qu'il fallait, et plus tôt que plus tard,
Attacher un grelot au cou de Rodilard ;
Qu'ainsi, quand il irait en guerre,
De sa marche avertis, ils s'enfuiraient en terre ;
Qu'il n'y savait que ce moyen.
Chacun fut de l'avis de monsieur le doyen,
Chose ne leur parut à tous plus salutaire.
La difficulté fut d'attacher le grelot.
L'un dit : « Je n'y vas point, je ne suis pas si sot » ;
L'autre : « Je ne saurais. » Si bien que sans rien faire
On se quitta. J'ai maints chapitres vus,
Qui pour néant se sont ainsi tenus ;
Chapitres, non de Rats, mais chapitres de moines,
Voire chapitres de chanoines.
Ne faut-il que délibérer,
La cour en conseillers foisonne ;
Est-il besoin d'exécuter,
L'on ne rencontre plus personne.

* *Assemblée*

La grenouille et le rat

Tel, comme dit Merlin, croit engeigner* autrui,
Qui souvent s'engeigne soi-même.

J'ai regret que ce mot soit trop vieux aujourd'hui :
Il m'a toujours semblé d'une énergie extrême.
Mais afin d'en venir au dessein que j'ai pris,
Un rat plein d'embonpoint, gras, et des mieux nourris,
Et qui ne connaissait l'Avent ni le Carême,
Sur le bord d'un marais égayait ses esprits.
Une Grenouille approche, et lui dit en sa langue :
— Venez me voir chez moi, je vous ferai festin.
Messire Rat promit soudain :
Il n'était pas besoin de plus longue harangue.
Elle allégua pourtant les délices du bain,
La curiosité, le plaisir du voyage,
Cent raretés à voir le long du marécage :

Un jour il conterait à ses petits-enfants
Les beautés de ces lieux, les moeurs des habitants,
Et le gouvernement de la chose publique
Aquatique.
Un point sans plus tenait le galand empêché :
Il nageait quelque peu ; mais il fallait de l'aide.
La Grenouille à cela trouve un très bon remède :
Le Rat fut à son pied par la patte attaché ;
Un brin de jonc en fit l'affaire.
Dans le marais entrés, notre bonne commère
S'efforce de tirer son hôte au fond de l'eau,
Contre le droit des gens, contre la foi jurée ;
Prétend qu'elle en fera gorge-chaude et curée ;
(C'était, à son avis, un excellent morceau).
Déjà dans son esprit la galande le croque.
Il atteste les Dieux ; la perfide s'en moque.
Il résiste ; elle tire. En ce combat nouveau,
Un Milan qui dans l'air planait, faisait la ronde,
Voit d'en haut le pauvret se débattant sur l'onde.
Il fond dessus, l'enlève, et, par même moyen
La Grenouille et le lien.
Tout en fut ; tant et si bien,
Que de cette double proie
L'oiseau se donne au coeur joie,
Ayant de cette façon
A souper chair et poisson.

* Tromper, duper

La laitière et le pot au lait

Perrette sur sa tête ayant un Pot au lait
Bien posé sur un coussinet,
Prétendait arriver sans encombre à la ville.
Légère et court vêtue elle allait à grands pas ;
Ayant mis ce jour-là, pour être plus agile,
Cotillon simple, et souliers plats.
Notre laitière ainsi troussée
Comptait déjà dans sa pensée
Tout le prix de son lait, en employait l'argent,
Achetait un cent d'oeufs, faisait triple couvée ;
La chose allait à bien par son soin diligent.

« Il m'est, disait-elle, facile,
D'élever des poulets autour de ma maison :
Le Renard sera bien habile,
S'il ne m'en laisse assez pour avoir un cochon.
Le porc à s'engraisser coûtera peu de son ;
Il était quand je l'eus de grosseur raisonnable :
J'aurai le revendant de l'argent bel et bon.
Et qui m'empêchera de mettre en notre étable,
Vu le prix dont il est, une vache et son veau,
Que je verrai sauter au milieu du troupeau ? »
Perrette là-dessus saute aussi, transportée.
Le lait tombe ; adieu veau, vache, cochon, couvée ;
La dame de ces biens, quittant d'un oeil marri
Sa fortune ainsi répandue,
Va s'excuser à son mari
En grand danger d'être battue.
Le récit en farce en fut fait ;
On l'appela le Pot au lait.
Quel esprit ne bat la campagne ?
Qui ne fait châteaux en Espagne ?
Picrochole, Pyrrhus, la Laitière, enfin tous,
Autant les sages que les fous ?
Chacun songe en veillant, il n'est rien de plus doux :
Une flatteuse erreur emporte alors nos âmes :
Tout le bien du monde est à nous,
Tous les honneurs, toutes les femmes.
Quand je suis seul, je fais au plus brave un défi ;
Je m'écarte, je vais détrôner le Sophi ;
On m'élit roi, mon peuple m'aime ;
Les diadèmes vont sur ma tête pleuvant :
Quelque accident fait-il que je rentre en moi-même ;
Je suis gros Jean comme devant.

Le loup et la cigogne

Les Loups mangent gloutonnement.

Un Loup donc étant de frairie *

Se pressa, dit-on, tellement

Qu'il en pensa perdre la vie :

Un os lui demeura bien avant au gosier.

De bonheur pour ce Loup, qui ne pouvait crier,

Près de là passe une Cigogne.

Il lui fait signe ; elle accourt.

Voilà l'Opératrice aussitôt en besogne.

Elle retira l'os ; puis, pour un si bon tour,

Elle demanda son salaire.

« Votre salaire ? dit le Loup :

Vous riez, ma bonne commère !

Quoi ? ce n'est pas encor beaucoup

D'avoir de mon gosier retiré votre cou ?

Allez, vous êtes une ingrate :

Ne tombez jamais sous ma patte. »

* *Fête de village*

La perdrix
et les coqs

Parmi de certains Coqs, incivils, peu galants,

Toujours en noise, et turbulents,

Une Perdrix était nourrie.

Son sexe, et l'hospitalité,

De la part de ces Coqs, peuple à l'amour porté

Lui faisaient espérer beaucoup d'honnêteté [1] :

Ils feraient les honneurs de la ménagerie [2] .

Ce peuple cependant, fort souvent en furie,

Pour la dame étrangère ayant peu de respect,

Lui donnait fort souvent d'horribles coups de bec.

D'abord elle en fut affligée ;
Mais, sitôt qu'elle eut vu cette troupe enragée
S'entre-battre elle-même et se percer les flancs,
Elle se consola. « Ce sont leurs moeurs, dit-elle ;
Ne les accusons point, plaignons plutôt ces gens :
Jupiter sur un seul modèle
N'a pas formé tous les esprits ;
Il est des naturels de coqs et de perdrix.
S'il dépendait de moi, je passerais ma vie
En plus honnête compagnie.
Le maître de ces lieux en ordonne autrement ;
Il nous prend avec des tonnelles,
Nous loge avec des coqs, et nous coupe les ailes :
C'est de l'homme qu'il faut se plaindre seulement. »

(1) Courtoisie
(2) Lieu d'engraissement des volailles

Le chat, la belette et le petit lapin

Du palais d'un jeune Lapin
Dame Belette un beau matin
S'empara ; c'est une rusée.
Le Maître étant absent, ce lui fut chose aisée.
Elle porta chez lui ses pénates [1] un jour
Qu'il était allé faire à l'aurore sa cour,
Parmi le thym et la rosée.
Après qu'il eut brouté, trotté, fait tous ses tours,
Janot Lapin retourne aux souterrains séjours.
La Belette avait mis le nez à la fenêtre.
« O Dieux hospitaliers, que vois-je ici paraître ?
Dit l'animal chassé du paternel logis :
— O là, Madame la Belette,
Que l'on déloge sans trompette,
Ou je vais avertir tous les rats du pays. »
La Dame au nez pointu répondit que la terre
Etait au premier occupant.

C'était un beau sujet de guerre
Qu'un logis où lui-même il n'entrait qu'en rampant.
« Et quand ce serait un Royaume
Je voudrais bien savoir, dit-elle, quelle loi
En a pour toujours fait l'octroi
A Jean fils ou neveu de Pierre ou de Guillaume,
Plutôt qu'à Paul, plutôt qu'à moi. »
Jean Lapin allégua la coutume et l'usage.
« Ce sont, dit-il, leurs lois qui m'ont de ce logis
Rendu maître et seigneur, et qui de père en fils,
L'ont de Pierre à Simon, puis à moi Jean, transmis.
Le premier occupant est-ce une loi plus sage ?
— Or bien sans crier davantage,
Rapportons-nous, dit-elle, à Raminagrobis.
C'était un chat vivant comme un dévot ermite,
Un chat faisant la chattemite (2) ,
Un saint homme de chat, bien fourré, gros et gras,
Arbitre expert sur tous les cas. »
Jean Lapin pour juge l'agrée.
Les voilà tous deux arrivés
Devant sa majesté fourrée.
Grippeminaud leur dit : « Mes enfants, approchez,
Approchez, je suis sourd, les ans en sont la cause. »
L'un et l'autre approcha ne craignant nulle chose.
Aussitôt qu'à portée il vit les contestants,
Grippeminaud le bon apôtre
Jetant des deux côtés la griffe en même temps,
Mit les plaideurs d'accord en croquant l'un et l'autre.
Ceci ressemble fort aux débats qu'ont parfois
Les petits souverains se rapportant aux Rois.

(1) *Fit du terrier sa maison*
(2) *Qui fait l'humble pour tromper les autres*

Le chêne et le roseau

Le Chêne un jour dit au Roseau :
« Vous avez bien sujet d'accuser la Nature ;
Un Roitelet pour vous est un pesant fardeau.
Le moindre vent, qui d'aventure
Fait rider la face de l'eau,
Vous oblige à baisser la tête :
Cependant que mon front, au Caucase pareil,
Non content d'arrêter les rayons du soleil,
Brave l'effort de la tempête.

Tout vous est Aquilon, tout me semble Zéphyr *.
Encor si vous naissiez à l'abri du feuillage
Dont je couvre le voisinage,
Vous n'auriez pas tant à souffrir :
Je vous défendrais de l'orage ;
Mais vous naissez le plus souvent
Sur les humides bords des Royaumes du vent.
La nature envers vous me semble bien injuste. »
« Votre compassion, lui répondit l'Arbuste,
Part d'un bon naturel ; mais quittez ce souci.
Les vents me sont moins qu'à vous redoutables.
Je plie, et ne romps pas. Vous avez jusqu'ici
Contre leurs coups épouvantables
Résisté sans courber le dos ;
Mais attendons la fin. » Comme il disait ces mots,
Du bout de l'horizon accourt avec furie
Le plus terrible des enfants
Que le Nord eût porté jusque-là dans ses flancs.
L'Arbre tient bon ; le Roseau plie.
Le vent redouble ses efforts,
Et fait si bien qu'il déracine
Celui de qui la tête au Ciel était voisine
Et dont les pieds touchaient à l'Empire des Morts.

* L'aquilon est un vent du nord, violent et froid ; le zéphyr un
vent léger et agréable.

Le coche et la mouche

Dans un chemin montant, sablonneux, malaisé,

Et de tous les côtés au Soleil exposé,

Six forts chevaux tiraient un Coche.

Femmes, Moine, vieillards, tout était descendu.

L'attelage suait, soufflait, était rendu.

Une Mouche survient, et des chevaux s'approche ;

Prétend les animer par son bourdonnement ;

Pique l'un, pique l'autre, et pense à tout moment

Qu'elle fait aller la machine,

S'assied sur le timon, sur le nez du Cocher ;

Aussitôt que le char chemine,

Et qu'elle voit les gens marcher,

26

Elle s'en attribue uniquement la gloire ;

Va, vient, fait l'empressée ; il semble que ce soit

Un Sergent de bataille allant en chaque endroit

Faire avancer ses gens, et hâter la victoire.

La Mouche en ce commun besoin

Se plaint qu'elle agit seule, et qu'elle a tout le soin ;

Qu'aucun n'aide aux chevaux à se tirer d'affaire.

Le Moine disait son Bréviaire ;

Il prenait bien son temps ! une femme chantait ;

C'était bien de chansons qu'alors il s'agissait !

Dame Mouche s'en va chanter à leurs oreilles,

Et fait cent sottises pareilles.

Après bien du travail le Coche arrive au haut.

« Respirons maintenant, dit la Mouche aussitôt :

J'ai tant fait que nos gens sont enfin dans la plaine.

Ca, Messieurs les Chevaux, payez-moi de ma peine. »

Ainsi certaines gens, faisant les empressés,

S'introduisent dans les affaires :

Ils font partout les nécessaires,

Et, partout importuns, devraient être chassés.

Le cochet, le chat et le souriceau

Un Souriceau tout jeune, et qui n'avait rien vu,
Fut presque pris au dépourvu.
Voici comme il conta l'aventure à sa mère :
« J'avais franchi les Monts qui bornent cet Etat,
Et trottais comme un jeune Rat
Qui cherche à se donner carrière,
Lorsque deux animaux m'ont arrêté les yeux :
L'un doux, bénin et gracieux,
Et l'autre turbulent, et plein d'inquiétude.
Il a la voix perçante et rude,
Sur la tête un morceau de chair,
Une sorte de bras dont il s'élève en l'air
Comme pour prendre sa volée,
La queue en panache étalée. »

Or c'était un Cochet dont notre Souriceau
Fit à sa mère le tableau,
« Comme d'un animal venu de l'Amérique.
Il se battait, dit-il, les flancs avec ses bras,
Faisant tel bruit et tel fracas,
Que moi, qui grâce aux Dieux, de courage me pique,
En ai pris la fuite de peur,
Le maudissant de très bon coeur.
Sans lui j'aurais fait connaissance
Avec cet animal qui m'a semblé si doux.
Il est velouté comme nous,
Marqueté, longue queue, une humble contenance ;
Un modeste regard, et pourtant l'oeil luisant :
Je le crois fort sympathisant
Avec Messieurs les Rats ; car il a des oreilles
En figure aux nôtres pareilles.
Je l'allais aborder, quand d'un son plein d'éclat
L'autre m'a fait prendre la fuite. »
« Mon fils, dit la Souris, ce doucet est un Chat,
Qui sous son minois hypocrite
Contre toute ta parenté
D'un malin vouloir est porté.
L'autre animal tout au contraire
Bien éloigné de nous mal faire,
Servira quelque jour peut-être à nos repas.
Quant au Chat, c'est sur nous qu'il fonde sa cuisine.
Garde-toi, tant que tu vivras,
De juger des gens sur la mine. »

Le loup et le chien

Un Loup n'avait que les os et la peau,
Tant les chiens faisaient bonne garde.
Ce Loup rencontre un Dogue aussi puissant que beau,
Gras, poli, qui s'était fourvoyé par mégarde.
L'attaquer, le mettre en quartiers,
Sire Loup l'eût fait volontiers ;
Mais il fallait livrer bataille,
Et le Mâtin était de taille
A se défendre hardiment.
Le Loup donc l'aborde humblement,
Entre en propos, et lui fait compliment
Sur son embonpoint, qu'il admire.

« Il ne tiendra qu'à vous beau sire,
D'être aussi gras que moi, lui repartit le Chien.
Quittez les bois, vous ferez bien :
Vos pareils y sont misérables,
Cancres, hères, et pauvres diables,
Dont la condition est de mourir de faim.
Car quoi ? rien d'assuré : point de franche lippée :
Tout à la pointe de l'épée.
Suivez-moi : vous aurez un bien meilleur destin. »
Le Loup reprit : « Que me faudra-t-il faire ?
— Presque rien, dit le Chien, donner la chasse aux gens
Portant bâtons, et mendiants ;
Flatter ceux du logis, à son Maître complaire :
Moyennant quoi votre salaire
Sera force reliefs de toutes les façons :
Os de poulets, os de pigeons,
Sans parler de mainte caresse. »
Le Loup déjà se forge une félicité
Qui le fait pleurer de tendresse.
Chemin faisant, il vit le col du Chien pelé.
« Qu'est-ce là ? lui dit-il. —Rien. —Quoi ? rien ? —Peu de chose.
— Mais encor ? — Le collier dont je suis attaché
De ce que vous voyez est peut-être la cause.
— Attaché ? dit le Loup : vous ne courez donc pas
Où vous voulez ? — Pas toujours ; mais qu'importe ?
— Il importe si bien, que de tous vos repas
Je ne veux en aucune sorte,
Et ne voudrais pas même à ce prix un trésor. »
Cela dit, maître Loup s'enfuit, et court encor.

Le corbeau et le renard

Maître Corbeau, sur un arbre perché,

Tenait en son bec un fromage.

Maître Renard, par l'odeur alléché,

Lui tint à peu près ce langage :

« Hé ! bonjour, Monsieur du Corbeau.

Que vous êtes joli ! que vous me semblez beau !

Sans mentir, si votre ramage

Se rapporte à votre plumage,

Vous êtes le Phénix des hôtes de ces bois. »

A ces mots le Corbeau ne se sent pas de joie ;

Et pour montrer sa belle voix,

Il ouvre un large bec, laisse tomber sa proie.

Le Renard s'en saisit, et dit : « Mon bon Monsieur,

Apprenez que tout flatteur

Vit aux dépens de celui qui l'écoute :

Cette leçon vaut bien un fromage, sans doute. »

Le Corbeau, honteux et confus,

Jura, mais un peu tard, qu'on ne l'y prendrait plus.

Le lion devenu vieux

Le Lion, terreur des forêts,

Chargé d'ans et pleurant son antique prouesse,

Fut enfin attaqué par ses propres sujets,

Devenus forts par sa faiblesse.

Le Cheval s'approchant lui donne un coup de pied ;

Le Loup un coup de dent, le Boeuf un coup de corne.

Le malheureux Lion, languissant, triste, et morne,

Peut a peine rugir, par l'âge estropié.

Il attend son destin, sans faire aucunes plaintes ;

Quand voyant l'Ane même à son antre accourir :

« Ah ! c'est trop, lui dit-il ; je voulais bien mourir ;

Mais c'est mourir deux fois que souffrir tes atteintes. »

Cette fable illustre l'expression « le coup de pied de l'âne », qui est une insulte adressée par un homme lâche ou faible à celui dont il n'a plus à redouter le pouvoir ou la force. L'âne étant un animal mal considéré à l'époque.

Le laboureur
et ses enfants

Travaillez, prenez de la peine :
C'est le fonds qui manque le moins *.
Un riche Laboureur, sentant sa mort prochaine,
Fit venir ses enfants, leur parla sans témoins.

« Gardez-vous, leur dit-il, de vendre l'héritage
Que nous ont laissé nos parents.
Un trésor est caché dedans.
Je ne sais pas l'endroit ; mais un peu de courage
Vous le fera trouver, vous en viendrez à bout.
Remuez votre champ dès qu'on aura fait l'août.
Creusez, fouillez, bêchez ; ne laissez nulle place
Où la main ne passe et repasse. »
Le père mort, les fils vous retournent le champ
Deçà, delà, partout ; si bien qu'au bout de l'an
Il en rapporta davantage.
D'argent, point de caché. Mais le père fut sage
De leur montrer avant sa mort
Que le travail est un trésor.

C'est la valeur la plus sûre, la plus rentable.

Le lièvre et la tortue

Rien ne sert de courir ; il faut partir à point.
Le Lièvre et la Tortue en sont un témoignage.
« Gageons, dit celle-ci, que vous n'atteindrez point
Sitôt que moi ce but. — Sitôt ? Etes-vous sage ?
Repartit l'animal léger.
Ma commère, il vous faut purger
Avec quatre grains d'ellébore.
— Sage ou non, je parie encor. »
Ainsi fut fait : et de tous deux
On mit près du but les enjeux :
Savoir quoi, ce n'est pas l'affaire,
Ni de quel juge l'on convint.
Notre Lièvre n'avait que quatre pas à faire ;
J'entends de ceux qu'il fait lorsque prêt d'être atteint
Il s'éloigne des chiens, les renvoie aux Calendes,
Et leur fait arpenter les landes.
Ayant, dis-je, du temps de reste pour brouter,
Pour dormir, et pour écouter

D'où vient le vent, il laisse la Tortue
Aller son train de Sénateur.
Elle part, elle s'évertue ;
Elle se hâte avec lenteur.
Lui cependant méprise une telle victoire,
Tient la gageure à peu de gloire,
Croit qu'il y va de son honneur
De partir tard. Il broute, il se repose,
Il s'amuse à toute autre chose
Qu'à la gageure. A la fin quand il vit
Que l'autre touchait presque au bout de la carrière,
Il partit comme un trait ; mais les élans qu'il fit
Furent vains : la Tortue arriva la première.
« Eh bien ! lui cria-t-elle, avais-je pas raison ?
De quoi vous sert votre vitesse ?
Moi, l'emporter ! et que serait-ce
Si vous portiez une maison ? »

Le lion
et le rat

Il faut, autant qu'on peut, obliger tout le monde :

On a souvent besoin d'un plus petit que soi.

De cette vérité deux fables feront foi,

Tant la chose en preuves abonde.

Entre les pattes d'un Lion

Un Rat sortit de terre assez à l'étourdie.

Le Roi des animaux, en cette occasion,

Montra ce qu'il était, et lui donna la vie.

Ce bienfait ne fut pas perdu.

Quelqu'un aurait-il jamais cru

Qu'un Lion d'un Rat eût affaire ?

Cependant il advint qu'au sortir des forêts

Ce Lion fut pris dans des rets*,

Dont ses rugissements ne le purent défaire.

Sire Rat accourut, et fit tant par ses dents

Qu'une maille rongée emporta tout l'ouvrage.

Patience et longueur de temps

Font plus que force ni que rage.

Filet à grosses mailles.

Le loup, la chèvre et le chevreau

La Bique, allant remplir sa traînante mamelle,
Et paître l'herbe nouvelle,
Ferma sa porte au loquet,
Non sans dire à son Biquet :
« Gardez-vous, sur votre vie,
D'ouvrir que l'on ne vous die,
Pour enseigne et mot du guet :
Foin du Loup et de sa race ! »

Comme elle disait ces mots,

Le Loup, de fortune, passe ;

Il les recueille à propos,

Et les garde en sa mémoire.

La Bique, comme on peut croire,

N'avait pas vu le glouton.

Dès qu'il la voit partie, il contrefait son ton,

Et d'une voix papelarde*

Il demande qu'on ouvre, en disant : « Foin du Loup ! »

Et croyant entrer tout d'un coup.

Le Biquet soupçonneux par la fente regarde :

« Montrez-moi patte blanche, ou je n'ouvrirai point »,

S'écria-t-il d'abord. Patte blanche est un point

Chez les Loups, comme on sait, rarement en usage.

Celui-ci, fort surpris d'entendre ce langage,

Comme il était venu s'en retourna chez soi.

Où serait le Biquet s'il eût ajouté foi

Au mot du guet que, de fortune,

Notre Loup avait entendu ?

Deux sûretés valent mieux qu'une,

Et le trop en cela ne fut jamais perdu.

* *Hypocrite.*

Le meunier, son fils et l'âne

L'invention des Arts étant un droit d'aînesse,
Nous devons l'Apologue à l'ancienne Grèce.
Mais ce champ ne se peut tellement moissonner
Que les derniers venus n'y trouvent à glaner.
La feinte [1] est un pays plein de terres désertes.
Tous les jours nos Auteurs y font des découvertes.
Je t'en veux dire un trait assez bien inventé ;
Autrefois à Racan Malherbe l'a conté.
Ces deux rivaux d'Horace, héritiers de sa Lyre,
Disciples d'Apollon, nos Maîtres, pour mieux dire,
Se rencontrant un jour tout seuls et sans témoins
(Comme ils se confiaient leurs pensers et leurs soins[2]),
Racan commence ainsi : « Dites-moi, je vous prie,
Vous qui devez savoir les choses de la vie,
Qui par tous ses degrés avez déjà passé,
Et que rien ne doit fuir en cet âge avancé [3],
A quoi me résoudrai-je ? Il est temps que j'y pense.
Vous connaissez mon bien, mon talent, ma naissance.

Dois-je dans la Province établir mon séjour,
Prendre emploi dans l'Armée, ou bien charge à la Cour ?
Tout au monde est mêlé d'amertume et de charmes.
La guerre a ses douceurs, l'Hymen a ses alarmes.
Si je suivais mon goût, je saurais où buter (4) ;
Mais j'ai les miens, la cour, le peuple à contenter. »
Malherbe là-dessus : « Contenter tout le monde !
Ecoutez ce récit avant que je réponde. »

J'ai lu dans quelque endroit qu'un Meunier et son fils,
L'un vieillard, l'autre enfant, non pas des plus petits,
Mais garçon de quinze ans, si j'ai bonne mémoire,
Allaient vendre leur Ane, un certain jour de foire.
Afin qu'il fût plus frais et de meilleur débit,
On lui lia les pieds, on vous le suspendit ;
Puis cet homme et son fils le portent comme un lustre.
Pauvres gens, idiots, couple ignorant et rustre.
Le premier qui les vit de rire s'éclata.
« Quelle farce, dit-il, vont jouer ces gens-là ? »
Le plus âne des trois n'est pas celui qu'on pense.
Le Meunier à ces mots connaît son ignorance ;
Il met sur pieds sa bête, et la fait détaler.
L'Ane, qui goûtait fort l'autre façon d'aller,
Se plaint en son patois. Le Meunier n'en a cure.
Il fait monter son fils, il suit, et d'aventure
Passent trois bons Marchands. Cet objet leur déplut.
Le plus vieux au garçon s'écria tant qu'il put :
« Oh là ! oh ! descendez, que l'on ne vous le dise (5),
Jeune homme, qui menez Laquais à barbe grise.
C'était à vous de suivre, au vieillard de monter. »
— Messieurs, dit le Meunier, il vous faut contente.
L'enfant met pied à terre, et puis le vieillard monte,
Quand trois filles passant, l'une dit : « C'est grand'honte
Qu'il faille voir ainsi clocher ce jeune fils,
Tandis que ce nigaud, comme un Evêque assis,
Fait le veau sur son Ane, et pense être bien sage. »

— Il n'est, dit le Meunier, plus de Veaux à mon âge :
Passez votre chemin, la fille, et m'en croyez.
Après maints quolibets coup sur coup renvoyés,
L'homme crut avoir tort, et mit son fils en croupe.
Au bout de trente pas, une troisième troupe
Trouve encor à gloser (6). L'un dit : « Ces gens sont fous,
Le Baudet n'en peut plus ; il mourra sous leurs coups.
Hé quoi ! charger ainsi cette pauvre bourrique !
N'ont-ils point de pitié de leur vieux domestique ?
Sans doute qu'à la Foire ils vont vendre sa peau. »
— Parbleu, dit le Meunier, est bien fou du cerveau
Qui prétend contenter tout le monde et son père.
Essayons toutefois, si par quelque manière
Nous en viendrons à bout. Ils descendent tous deux.
L'Ane, se prélassant, marche seul devant eux.
Un quidam les rencontre, et dit : « Est-ce la mode
Que Baudet aille à l'aise, et Meunier s'incommode ?
Qui de l'âne ou du maître est fait pour se lasser ?
Je conseille à ces gens de le faire enchâsser (7).
Ils usent leurs souliers, et conservent leur Ane.
Nicolas au rebours, car, quand il va voir Jeanne,
Il monte sur sa bête ; et la chanson (8) le dit.
Beau trio de Baudets ! » Le Meunier repartit :
— Je suis Ane, il est vrai, j'en conviens, je l'avoue ;
Mais que dorénavant on me blâme, on me loue ;
Qu'on dise quelque chose ou qu'on ne dise rien ;
J'en veux faire à ma tête. Il le fit, et fit bien.

Quant à vous, suivez Mars, ou l'Amour, ou le Prince ;
Allez, venez, courez ; demeurez en Province ;
Prenez femme, Abbaye, Emploi, Gouvernement :
Les gens en parleront, n'en doutez nullement.

(1) Fiction   (2) Souci   (3) A qui rien ne doit échapper
(4) Viser un but   (5) Avant qu'on ne vous le dise
(6) Critiquer   (7) Le garder comme une relique
(8) Chanson populaire à l'époque

La montagne qui accouche

Une Montagne en mal d'enfant
Jetait une clameur si haute,
Que chacun au bruit accourant
Crut qu'elle accoucherait, sans faute,
D'une cité plus grosse que Paris :
Elle accoucha d'une Souris.

Quand je songe à cette Fable
Dont le récit est menteur
Et le sens est véritable,
Je me figure un Auteur
Qui dit : Je chanterai la guerre
Que firent les Titans au Maître du tonnerre.
C'est promettre beaucoup : mais qu'en sort-il souvent ?
Du vent.

La belette entrée dans un grenier

Damoiselle Belette, au corps long et fluet,

Entra dans un Grenier par un trou fort étret [1] :

Elle sortait de maladie.

Là, vivant à discrétion,

La galante fit chère lie [2] ,

Mangea, rongea : Dieu sait la vie,

Et le lard qui périt en cette occasion !

La voilà, pour conclusion,

Grasse, mafflue [3] et rebondie.

Au bout de la semaine, ayant dîné son soû,

Elle entend quelque bruit, veut sortir par le trou,

Ne peut plus repasser, et croit s'être méprise

Après avoir fait quelques tours,

"C'est, dit-elle, l'endroit : me voilà bien surprise ;

J'ai passé par ici depuis cinq ou six jours. "

Un Rat, qui la voyait en peine,

Lui dit : "Vous aviez lors la panse un peu moins pleine.

Vous êtes maigre entrée, il faut maigre sortir.

Ce que je vous dis là, l'on le dit à bien d'autres ;

Mais ne confondons point, par trop approfondir,

Leurs affaires avec les vôtres. "

(1) Etroit
(2) Fit grande chère.
(3) Au visage bien rempli.

Le loup et l'agneau

La raison du plus fort est toujours la meilleure :
Nous l'allons montrer tout à l'heure.
Un Agneau se désaltérait
Dans le courant d'une onde pure.
Un Loup survient à jeun qui cherchait aventure,
Et que la faim en ces lieux attirait.
Qui te rend si hardi de troubler mon breuvage ?
Dit cet animal plein de rage :
Tu seras châtié de ta témérité.

— Sire, répond l'Agneau, que votre Majesté
Ne se mette pas en colère ;
Mais plutôt qu'elle considère
Que je me vas désaltérant
Dans le courant,
Plus de vingt pas au-dessous d'Elle,
Et que par conséquent, en aucune façon,
Je ne puis troubler sa boisson.
— Tu la troubles, reprit cette bête cruelle,
Et je sais que de moi tu médis l'an passé.
- Comment l'aurais-je fait si je n'étais pas né ?
Reprit l'Agneau, je tette encor ma mère.
— Si ce n'est toi, c'est donc ton frère.
— Je n'en ai point. — C'est donc quelqu'un des tiens :
Car vous ne m'épargnez guère,
Vous, vos bergers, et vos chiens.
On me l'a dit : il faut que je me venge.
Là-dessus, au fond des forêts
Le Loup l'emporte, et puis le mange,
Sans autre forme de procès.

Le petit poisson et le pêcheur

Petit poisson deviendra grand,
Pourvu que Dieu lui prête vie.
Mais le lâcher en attendant,
Je tiens pour moi que c'est folie ;
Car de le rattraper il n'est pas trop certain.
Un Carpeau qui n'était encor que fretin
Fut pris par un Pêcheur au bord d'une rivière.
Tout fait nombre, dit l'homme en voyant son butin ;
Voilà commencement de chère et de festin :
Mettons-le en notre gibecière.
Le pauvre Carpillon lui dit en sa manière :
— Que ferez-vous de moi ? je ne saurais fournir
Au plus qu'une demi-bouchée ;
Laissez-moi Carpe devenir :
Je serai par vous repêchée.
Quelque gros Partisan m'achètera bien cher,
Au lieu qu'il vous en faut chercher
Peut-être encor cent de ma taille
Pour faire un plat. Quel plat ? croyez-moi ; rien qui vaille.
— Rien qui vaille ? Eh bien soit, repartit le Pêcheur ;
Poisson, mon bel ami, qui faites le Prêcheur,
Vous irez dans la poêle ; et vous avez beau dire,
Dès ce soir on vous fera frire.
Un tiens vaut, ce dit-on, mieux que deux tu l'auras :
L'un est sûr, l'autre ne l'est pas.

Le pot de terre
et le pot de fer

Le Pot de fer proposa
Au Pot de terre un voyage.
Celui-ci s'en excusa,
Disant qu'il ferait que sage*
De garder le coin du feu :
Car il lui fallait si peu,
Si peu, que la moindre chose
De son débris serait cause.
— Il n'en reviendrait morceau.
Pour vous, dit-il, dont la peau
Est plus dure que la mienne,
Je ne vois rien qui vous tienne.
— Nous vous mettrons à couvert,
Repartit le Pot de fer.
Si quelque matière dure
Vous menace d'aventure,
Entre deux je passerai,
Et du coup vous sauverai.

Cette offre le persuade.

Pot de fer son camarade

Se met droit à ses côtés.

Mes gens s'en vont à trois pieds,

Clopin-clopant comme ils peuvent,

L'un contre l'autre jetés

Au moindre hoquet qu'ils treuvent.

Le Pot de terre en souffre ; il n'eut pas fait cent pas

Que par son compagnon il fut mis en éclats,

Sans qu'il eût lieu de se plaindre.

Ne nous associons qu'avecque nos égaux.

Ou bien il nous faudra craindre

Le destin d'un de ces Pots.

* *Il ferait sagement.*

Le rat de ville et le rat des champs

Autrefois le Rat de ville
Invita le Rat des champs,
D'une façon fort civile,
A des reliefs d'ortolans*.

Sur un tapis de Turquie
Le couvert se trouva mis.
Je laisse à penser la vie
Que firent ces deux amis.

Le régal fut fort honnête,
Rien ne manquait au festin ;
Mais quelqu'un troubla la fête
Pendant qu'ils étaient en train.

A la porte de la salle
Ils entendirent du bruit :
Le Rat de ville détale ;
Son camarade le suit.

Le bruit cesse, on se retire :
Rats en campagne aussitôt ;
Et le citadin de dire :
Achevons tout notre rôt.

— C'est assez, dit le rustique ;
Demain vous viendrez chez moi :
Ce n'est pas que je me pique
De tous vos festins de Roi ;

Mais rien ne vient m'interrompre :
Je mange tout à loisir.
Adieu donc ; fi du plaisir
Que la crainte peut corrompre.

* Reliefs : restes.   Les ortolans sont de petits oiseaux.

57

Le renard et les raisins

Certain Renard Gascon, d'autres disent Normand,

Mourant presque de faim, vit au haut d'une treille

Des Raisins mûrs apparemment,

Et couverts d'une peau vermeille.

Le galand en eût fait volontiers un repas ;

Mais comme il n'y pouvait atteindre :

"Ils sont trop verts, dit-il, et bons pour des goujats. "

Fit-il pas mieux que de se plaindre ?

Le rat et l'huître

Un rat, hôte d'un champ, rat de peu de cervelle,
Des Lares paternels un jour se trouva soû [1] .
Il laisse là le champ, le grain et la javelle [2] ,
Va courir le pays, abandonne son trou.
Sitôt qu'il fut hors de la case :
«Que le monde, dit-il, est grand et spacieux !
Voici les Apennins, et voici le Caucase.»
La moindre taupinée était mont à ses yeux.
Au bout de quelques jours, le voyageur arrive
En un certain canton où Téthys [3] sur la rive
Avait laissé mainte huître : et notre rat d'abord
Crut voir, en les voyant, des vaisseaux de haut bord.
«Certes, dit-il, mon père était un pauvre sire !
Il n'osait voyager, craintif au premier point.

Pour moi, j'ai déjà vu le maritime empire :
J'ai passé les déserts, mais nous n'y bûmes point.»
D'un certain magister le rat tenait ces choses,
Et les disait à travers champs,
N'étant pas de ces rats qui, les livres rongeants,
Se font savants jusques aux dents.
Parmi tant d'huîtres toutes closes,
Une s'était ouverte et, bâillant au soleil,
Par un doux zéphyr réjouie,
Humait l'air, respirait, était épanouie,
Blanche, grasse, et d'un goût, à la voir, nonpareil.
D'aussi loin que le rat voit cette huître qui bâille :
«Qu'aperçois-je ? dit-il, c'est quelque victuaille ;
Et si je ne me trompe à la couleur du mets,
Je dois faire aujourd'hui bonne chère, ou jamais.»
Là-dessus, Maître Rat, plein de belle espérance,
Approche de l'écaille, allonge un peu le cou,
Se sent pris comme aux lacs, car l'huître tout d'un coup
Se referme : et voilà ce que fait l'ignorance.

Cette fable contient plus d'un enseignement:
Nous y voyons premièrement
Que ceux qui n'ont du monde aucune expérience
Sont, aux moindres objets, frappés d'étonnement.
Et puis nous y pouvons apprendre
Que tel est pris qui croyait prendre.

(1) Lares : dieux de la maison. Soû : qui a l'esprit rassasié.
(2) Tas d'épis qu'on laisse sécher avant d'en faire des bottes.
(3) Déesse marine de la mythologie grecque

Le renard et le bouc

Capitaine Renard allait de compagnie
Avec son ami Bouc des plus haut encornés.
Celui-ci ne voyait pas plus loin que son nez ;
L'autre était passé maître en fait de tromperie.
La soif les obligea de descendre en un puits.
Là chacun d'eux se désaltère.
Après qu'abondamment tous deux en eurent pris,
Le Renard dit au Bouc : — Que ferons-nous, compère ?
Ce n'est pas tout de boire, il faut sortir d'ici.
Lève tes pieds en haut, et tes cornes aussi :
Mets-les contre le mur. Le long de ton échine
Je grimperai premièrement ;

Puis sur tes cornes m'élevant,

A l'aide de cette machine,

De ce lieu-ci je sortirai,

Après quoi je t'en tirerai.

— Par ma barbe, dit l'autre, il est bon ; et je loue

Les gens bien sensés comme toi.

Je n'aurais jamais, quant à moi,

Trouvé ce secret, je l'avoue.

Le Renard sort du puits, laisse son compagnon,

Et vous lui fait un beau sermon

Pour l'exhorter à patience.

— Si le ciel t'eût, dit-il, donné par excellence

Autant de jugement que de barbe au menton,

Tu n'aurais pas, à la légère,

Descendu dans ce puits. Or, adieu, j'en suis hors.

Tâche de t'en tirer, et fais tous tes efforts :

Car pour moi, j'ai certaine affaire

Qui ne me permet pas d'arrêter en chemin.

En toute chose il faut considérer la fin.

Le savetier et le financier

Un Savetier chantait du matin jusqu'au soir :
C'était merveilles de le voir,
Merveilles de l'ouïr ; il faisait des passages,
Plus content qu'aucun des sept sages.
Son voisin au contraire, étant tout cousu d'or,
Chantait peu, dormait moins encor.
C'était un homme de finance.
Si sur le point du jour parfois il sommeillait,
Le Savetier alors en chantant l'éveillait,
Et le Financier se plaignait,
Que les soins de la Providence
N'eussent pas au marché fait vendre le dormir,
Comme le manger et le boire.
En son hôtel il fait venir
Le chanteur, et lui dit : — Or çà, sire Grégoire,
Que gagnez-vous par an ? — Par an ? Ma foi, Monsieur,

Dit avec un ton de rieur,
Le gaillard Savetier, ce n'est point ma manière
De compter de la sorte ; et je n'entasse guère
Un jour sur l'autre : il suffit qu'à la fin
J'attrape le bout de l'année :
Chaque jour amène son pain.
— Eh bien que gagnez-vous, dites-moi, par journée ?
— Tantôt plus, tantôt moins : le mal est que toujours ;
(Et sans cela nos gains seraient assez honnêtes,)
Le mal est que dans l'an s'entremêlent des jours
Qu'il faut chommer ; on nous ruine en Fêtes.
L'une fait tort à l'autre ; et Monsieur le Curé
De quelque nouveau Saint charge toujours son prône.
Le Financier riant de sa naïveté
Lui dit : — Je vous veux mettre aujourd'hui sur le trône.
Prenez ces cent écus : gardez-les avec soin,
Pour vous en servir au besoin.
Le Savetier crut voir tout l'argent que la terre
Avait depuis plus de cent ans
Produit pour l'usage des gens.
Il retourne chez lui : dans sa cave il enserre
L'argent et sa joie à la fois.
Plus de chant ; il perdit la voix
Du moment qu'il gagna ce qui cause nos peines.
Le sommeil quitta son logis,
Il eut pour hôtes les soucis,
Les soupçons, les alarmes vaines.
Tout le jour il avait l'oeil au guet. Et la nuit,
Si quelque chat faisait du bruit,
Le chat prenait l'argent. A la fin le pauvre homme
S'en courut chez celui qu'il ne réveillait plus !
— Rendez-moi, lui dit-il, mes chansons et mon somme,
Et reprenez vos cent écus.

Le serpent et la lime

On conte qu'un Serpent voisin d'un Horloger
(C'était pour l'Horloger un mauvais voisinage),
Entra dans sa boutique, et cherchant à manger,
N'y rencontra pour tout potage
Qu'une Lime d'acier qu'il se mit à ronger.
Cette Lime lui dit, sans se mettre en colère :
      Pauvre ignorant ! et que prétends-tu faire ?
       Tu te prends à plus dur que toi.
      Petit serpent à tête folle,
      Plutôt que d'emporter de moi
      Seulement le quart d'une obole,
      Tu te romprais toutes les dents :
      Je ne crains que celles du temps.
Ceci s'adresse à vous, esprits du dernier ordre,
Qui n'étant bons à rien cherchez sur tout à mordre.
Vous vous tourmentez vainement.
Croyez-vous que vos dents impriment leurs outrages
Sur tant de beaux ouvrages ?
Ils sont pour vous d'airain, d'acier, de diamant .

Le singe et le chat

Bertrand avec Raton, l'un Singe et l'autre Chat,
Commensaux* d'un logis, avaient un commun Maître.
D'animaux malfaisants c'était un très bon plat ;
Ils n'y craignaient tous deux aucun, quel qu'il pût être.
Trouvait-on quelque chose au logis de gâté,
L'on ne s'en prenait point aux gens du voisinage.
Bertrand dérobait tout ; Raton de son côté
Etait moins attentif aux souris qu'au fromage.
Un jour au coin du feu nos deux maîtres fripons
Regardaient rôtir des marrons.

Les escroquer était une très bonne affaire :
Nos galands y voyaient double profit à faire,
Leur bien premièrement, et puis le mal d'autrui.
Bertrand dit à Raton : — Frère, il faut aujourd'hui
Que tu fasses un coup de maître.
Tire-moi ces marrons. Si Dieu m'avait fait naître
Propre à tirer marrons du feu,
Certes marrons verraient beau jeu.
Aussitôt fait que dit : Raton avec sa patte,
D'une manière délicate,
Ecarte un peu la cendre, et retire les doigts,
Puis les reporte à plusieurs fois ;
Tire un marron, puis deux, et puis trois en escroque.
Et cependant Bertrand les croque.
Une servante vient : adieu mes gens. Raton
N'était pas content, ce dit-on.
Aussi ne le sont pas la plupart de ces Princes
Qui, flattés d'un pareil emploi,
Vont s'échauder en des Provinces
Pour le profit de quelque Roi.

* *Animaux domestiques vivant à l'intérieur de la maison*

Le renard et la cigogne

Compère le Renard se mit un jour en frais,
Et retint à dîner commère la Cigogne.
Le régal fût petit et sans beaucoup d'apprêts :
Le galant pour toute besogne [1],
Avait un brouet [2] clair ; il vivait chichement.
Ce brouet fut par lui servi sur une assiette :
La Cigogne au long bec n'en put attraper miette ;
Et le drôle eut lapé le tout en un moment.

Pour se venger de cette tromperie,
A quelque temps de là, la Cigogne le prie.
"Volontiers, lui dit-il ; car avec mes amis
Je ne fais point cérémonie. "
A l'heure dite, il courut au logis
De la Cigogne son hôtesse ;
Loua très fort la politesse ;
Trouva le dîner cuit à point :

Bon appétit surtout ; Renards n'en manquent point.
Il se réjouissait à l'odeur de la viande
Mise en menus morceaux, et qu'il croyait friande.
On servit, pour l'embarrasser,
En un vase à long col et d'étroite embouchure.
Le bec de la Cigogne y pouvait bien passer ;
Mais le museau du sire était d'autre mesure.

Il lui fallut à jeun retourner au logis,
Honteux comme un Renard qu'une Poule aurait pris,
Serrant la queue, et portant bas l'oreille.
Trompeurs, c'est pour vous que j'écris :
Attendez-vous à la pareille.

*(1) Mot désignant
vaguement une chose*

(2) Potage

71

Les animaux malades de la peste

Un mal qui répand la terreur,

Mal que le Ciel en sa fureur

Inventa pour punir les crimes de la terre,

La Peste (puisqu'il faut l'appeler par son nom)

Capable d'enrichir en un jour l'Achéron [1],

Faisait aux animaux la guerre.

Ils ne mouraient pas tous, mais tous étaient frappés :

On n'en voyait point d'occupés

A chercher le soutien d'une mourante vie [2];

Nul mets n'excitait leur envie ;

Ni Loups ni Renards n'épiaient

La douce et l'innocente proie.

(1) *Dans la mythologie grecque, rivière des Enfers.*
(2) *A chercher à se nourrir*

Les Tourterelles se fuyaient :
Plus d'amour, partant [3] plus de joie.
Le Lion tint conseil, et dit : « Mes chers amis,
Je crois que le Ciel a permis
Pour nos péchés cette infortune ;
Que le plus coupable de nous
Se sacrifie aux traits du céleste courroux,
Peut-être il obtiendra la guérison commune.
L'histoire nous apprend qu'en de tels accidents [4]
On fait de pareils dévouements [5] :
Ne nous flattons [6] donc point; voyons sans indulgence
L'état de notre conscience.
Pour moi, satisfaisant mes appétits gloutons
J'ai dévoré force moutons.
Que m'avaient-ils fait ? Nulle offense :
Même il m'est arrivé quelquefois de manger
Le Berger.
Je me dévouerai donc, s'il le faut ; mais je pense
Qu'il est bon que chacun s'accuse ainsi que moi :
Car on doit souhaiter selon toute justice
Que le plus coupable périsse. »
« Sire, dit le Renard, vous êtes trop bon Roi ;
Vos scrupules font voir trop de délicatesse ;
Eh bien, manger moutons, canaille, sotte espèce,
Est-ce un péché ? Non, non. Vous leur fîtes Seigneur
En les croquant beaucoup d'honneur.

(3) *Par conséquent*   (4) *Malheur imprévu*
(5) *Sacrifice*   (6) *Ne nous traitons point avec douceur*

Et quant au Berger l'on peut dire
Qu'il était digne de tous maux,
Etant de ces gens-là qui sur les animaux
Se font un chimérique empire. »
Ainsi dit le Renard, et flatteurs d'applaudir.
On n'osa trop approfondir
Du Tigre, ni de l'Ours, ni des autres puissances,
Les moins pardonnables offenses.
Tous les gens querelleurs, jusqu'aux simples Mâtins [7],
Au dire de chacun, étaient de petits saints.
L'Ane vint à son tour et dit : « J'ai souvenance
Qu'en un pré de Moines passant,
La faim, l'occasion, l'herbe tendre, et je pense
Quelque diable aussi me poussant,
Je tondis de ce pré la largeur de ma langue.
Je n'en avais nul droit, puisqu'il faut parler net. »
A ces mots on cria haro [8] sur le baudet.
Un Loup quelque peu clerc [7] prouva par sa harangue [10]
Qu'il fallait dévouer ce maudit animal,
Ce pelé, ce galeux, d'où venait tout leur mal.
Sa peccadille fut jugée un cas pendable.
Manger l'herbe d'autrui ! quel crime abominable !
Rien que la mort n'était capable
D'expier son forfait : on le lui fit bien voir.
Selon que vous serez puissant ou misérable,
Les jugements de cour [11] vous rendront blanc ou noir.

(7) Chien dressé à la garde d'une cour ou d'un troupeau
(8) Exclamation en usage à l'époque pour arrêter des malfaiteurs
(9) Habile   (10) Discours solennel   (11) Cour de justice

La poule aux oeufs d'or

L'avarice perd tout en voulant tout gagner.

Je ne veux, pour le témoigner,

Que celui dont la Poule, à ce que dit la fable,

Pondait tous les jours un oeuf d'or.

Il crut que dans son corps elle avait un trésor.

Il la tua, l'ouvrit, et la trouva semblable

A celles dont les oeufs ne lui rapportaient rien,

S'étant lui-même ôté le plus beau de son bien.

Belle leçon pour les gens chiches :

Pendant ces derniers temps, combien en a-t-on vus

Qui du soir au matin sont pauvres devenus

Pour vouloir trop tôt être riches ?

Le loup devenu berger

Un Loup, qui commençait d'avoir petite part
Aux brebis de son voisinage,
Crut qu'il fallait s'aider de la peau du renard,
Et faire un nouveau personnage.
Il s'habille en berger, endosse un hoqueton [1] ,
Fait sa houlette [2] d'un bâton,
Sans oublier la cornemuse.

Pour pousser jusqu'au bout la ruse,

Il aurait volontiers écrit sur son chapeau :

" C'est moi qui suis Guillot, berger de ce troupeau. "

Sa personne étant ainsi faite,

Et ses pieds de devant posés sur sa houlette,

Guillot le sycophante [3] approche doucement.

Guillot, le vrai Guillot, étendu sur l'herbette,

Dormait alors profondément ;

Son chien dormait aussi, comme aussi sa musette :

La plupart des brebis dormaient pareillement.

L'hypocrite les laissa faire ;

Et pour pouvoir mener vers son fort les brebis,

Il voulut ajouter la parole aux habits,

Chose qu'il croyait nécessaire.

Mais cela gâta son affaire :

Il ne put du pasteur contrefaire la voix.

Le ton dont il parla fit retentir les bois,

Et découvrit tout le mystère.

Chacun se réveille à ce son, Les brebis, le chien, le garçon.

Le pauvre Loup, dans cet esclandre,

Empêché par son hoqueton,

Ne put ni fuir ni se défendre.

Toujours par quelque endroit fourbes se laissent prendre.

Quiconque est loup agisse en loup :

C'est le plus certain de beaucoup.

(1) Manteau en grosse étoffe
(2) Bâton de berger   (3) Trompeur

L'hirondelle et les petits oiseaux

Une Hirondelle en ses voyages
Avait beaucoup appris.
Quiconque a beaucoup vu
Peut avoir beaucoup retenu.
Celle-ci prévoyait jusqu'aux moindres orages,
Et devant qu'ils fussent éclos,
Les annonçait aux Matelots.
Il arriva qu'au temps que le chanvre se sème,
Elle vit un manant en couvrir maints sillons.
" Ceci ne me plaît pas, dit-elle aux Oisillons :
Je vous plains ; car pour moi, dans ce péril extrême,
Je saurai m'éloigner, ou vivre en quelque coin.
Voyez-vous cette main qui par les airs chemine ?

Un jour viendra, qui n'est pas loin,
Que ce qu'elle répand sera votre ruine.
De là naîtront engins à vous envelopper,
Et lacets pour vous attraper,
Enfin mainte et mainte machine
Qui causera dans la saison
Votre mort ou votre prison :
Gare la cage ou le chaudron !

C'est pourquoi, leur dit l'Hirondelle,
Mangez ce grain; et croyez-moi. "
Les Oiseaux se moquèrent d'elle :
Ils trouvaient aux champs trop de quoi.
Quand la chènevière fut verte,
L'Hirondelle leur dit : "Arrachez brin à brin
Ce qu'a produit ce maudit grain,
Ou soyez sûrs de votre perte. "
— Prophète de malheur, babillarde, dit-on,
Le bel emploi que tu nous donnes !
Il nous faudrait mille personnes
Pour éplucher tout ce canton.

La chanvre étant tout à fait crue (1),

L'Hirondelle ajouta : "Ceci ne va pas bien;

Mauvaise graine est tôt venue.

Mais puisque jusqu'ici l'on ne m'a crue en rien,

Dès que vous verrez que la terre

Sera couverte, et qu'à leurs blés

Les gens n'étant plus occupés

Feront aux oisillons la guerre ;

Quand reginglettes (2) et réseaux

Attraperont petits Oiseaux,

Ne volez plus de place en place,

Demeurez au logis, ou changez de climat :

Imitez le Canard, la Grue, et la Bécasse.

Mais vous n'êtes pas en état

De passer, comme nous, les déserts et les ondes,

Ni d'aller chercher d'autres mondes ;

C'est pourquoi vous n'avez qu'un parti qui soit sûr :

C'est de vous renfermer aux trous de quelque mur. "

Les Oisillons, las de l'entendre,

Se mirent à jaser aussi confusément

Que faisaient les Troyens quand la pauvre Cassandre (3)

Ouvrait la bouche seulement.

Il en prit aux uns comme aux autres :

Maint oisillon se vit esclave retenu.

Nous n'écoutons d'instincts que ceux qui sont les nôtres,

Et ne croyons le mal que quand il est venu.

(1) Poussée (participe passé du verbe croître)
(2) Collet pour attraper les oiseaux
(3) Fille de Priam, roi de Troie. Elle reçoit d''Apollon le don de
prédire l'avenir mais, comme elle se refuse à lui, il décrète que ses
prédictions ne seront jamais crues.

La colombe et la fourmi

Le long d'un clair ruisseau buvait une Colombe,
Quand sur l'eau se penchant une Fourmi y tombe.
Et dans cet océan l'on eût vu la Fourmi
S'efforcer, mais en vain, de regagner la rive.
La Colombe aussitôt usa de charité :
Un brin d'herbe dans l'eau par elle étant jeté,
Ce fut un promontoire où la Fourmi arrive.
Elle se sauve ; et là-dessus
Passe un certain Croquant qui marchait les pieds nus.
Ce Croquant, par hasard, avait une arbalète.
Dès qu'il voit l'Oiseau de Vénus
Il le croit en son pot, et déjà lui fait fête.
Tandis qu'à le tuer mon Villageois s'apprête,
La Fourmi le pique au talon.
Le Vilain retourne la tête :
La Colombe l'entend, part, et tire de long.
Le soupé du Croquant avec elle s'envole :
Point de Pigeon pour une obole.

Les loups et les brebis

Après mille ans et plus de guerre déclarée,

Les Loups firent la paix avecque les Brebis.

C'était apparemment le bien des deux partis ;

Car si les Loups mangeaient mainte bête égarée,

Les Bergers de leur peau se faisaient maints habits.

Jamais de liberté, ni pour les pâturages,

Ni d'autre part pour les carnages :

Ils ne pouvaient jouir qu'en tremblant de leurs biens.

La paix se conclut donc : on donne des otages ;

Les Loups, leurs Louveteaux ; et les Brebis, leurs Chiens.

L'échange en étant fait aux formes ordinaires

Et réglé par des Commissaires,

Au bout de quelque temps que Messieurs les Louvats*

Se virent Loups parfaits et friands de tuerie,

Ils vous prennent le temps que dans la Bergerie

Messieurs les Bergers n'étaient pas,

Etranglent la moitié des Agneaux les plus gras,

Les emportent aux dents, dans les bois se retirent.

Ils avaient averti leurs gens secrètement.

Les Chiens, qui, sur leur foi, reposaient sûrement,

Furent étranglés en dormant :

Cela fut sitôt fait qu'à peine ils le sentirent.

Tout fut mis en morceaux ; un seul n'en échappa.

Nous pouvons conclure de là

Qu'il faut faire aux méchants guerre continuelle.

La paix est fort bonne en soi,

J'en conviens ; mais en quoi sert-elle

Avec des ennemis sans foi ?

Louveteaux, qui vont devenir loups adultes ("Loups parfaits")

L'huître et les plaideurs

Un jour deux Pèlerins sur le sable rencontrent
Une Huître que le flot y venait d'apporter :
Ils l'avalent des yeux, du doigt ils se la montrent ;
A l'égard de la dent il fallut contester.
L'un se baissait déjà pour amasser la proie ;
L'autre le pousse, et dit : — Il est bon de savoir
Qui de nous en aura la joie.
Celui qui le premier a pu l'apercevoir
En sera le gobeur ; l'autre le verra faire.

— Si par là on juge l'affaire,

Reprit son compagnon, j'ai l'oeil bon, Dieu merci.

— Je ne l'ai pas mauvais aussi,

Dit l'autre, et je l'ai vue avant vous, sur ma vie.

— Eh bien ! vous l'avez vue, et moi je l'ai sentie.

Pendant tout ce bel incident,

Perrin Dandin arrive : ils le prennent pour juge.

Perrin fort gravement ouvre l'Huître, et la gruge [1],

Nos deux Messieurs le regardant.

Ce repas fait, il dit d'un ton de Président :

— Tenez, la cour vous donne à chacun une écaille

Sans dépens, et qu'en paix chacun chez soi s'en aille.

Mettez ce qu'il en coûte à plaider aujourd'hui ;

Comptez ce qu'il en reste à beaucoup de familles ;

Vous verrez que Perrin tire l'argent à lui,

Et ne laisse aux plaideurs que le sac et les quilles [2].

---

(1) *Mange*
(2) *Donner à quelqu'un son sac et ses quilles : le congédier, le chasser.*

L'ours et les deux compagnons

Deux Compagnons pressés d'argent
À leur voisin Fourreur vendirent
La peau d'un Ours encor vivant ;
Mais qu'ils tueraient bientôt, du moins à ce qu'ils dirent.
C'était le Roi des Ours, au conte de ces gens.
Le Marchand à sa peau devait faire fortune :
Elle garantirait des froids les plus cuisants ;
On en pourrait fourrer plutôt deux robes qu'une.
Dindenaut [1] prisait moins ses Moutons qu'eux leur Ours:
Leur, à leur compte, et non à celui de la Bête.

S'offrant de la livrer au plus tard dans deux jours,
Ils conviennent de prix, et se mettent en quête ;
Trouvent l'Ours qui s'avance, et vient vers eux au trot.
Voilà mes Gens frappés comme d'un coup de foudre.
Le marché ne tint pas ; il fallut le résoudre :
D'intérêts contre l'Ours, on n'en dit pas un mot.
L'un des deux Compagnons grimpe au faîte d'un arbre.
L'autre, plus froid que n'est un marbre,
Se couche sur le nez, fait le mort, tient son vent [2] ,
Ayant quelque part ouï dire
Que l'Ours s'acharne peu souvent
Sur un corps qui ne vit, ne meut, ni ne respire.
Seigneur Ours, comme un sot, donna dans ce panneau.
Il voit ce corps gisant, le croit privé de vie,
Et de peur de supercherie
Le tourne, le retourne, approche son museau,
Flaire aux passages de l'haleine.
— C'est, dit-il, un cadavre : ôtons-nous, car il sent.
A ces mots, l'Ours s'en va dans la forêt prochaine.
L'un de nos deux Marchands de son arbre descend ;
Court à son Compagnon, lui dit que c'est merveille
Qu'il n'ait eu seulement que la peur pour tout mal.
— Et bien, ajouta-t-il, la peau de l'Animal ?
Mais que t'a-t-il dit à l'oreille ?
Car il s'approchait de bien près,
Te retournant avec sa serre.
— Il m'a dit qu'il ne faut jamais
Vendre la peau de l'Ours qu'on ne l'ait mis par terre.

(1) Dans le Quart Livre de Rabelais, Dindenaut est marchand de moutons et fait l'éloge de ses bêtes à Panurge pour les lui vendre plus cher.   (2) Retient son souffle

Le berger et son troupeau

" Quoi ? toujours il me manquera

Quelqu'un de ce peuple imbécile !

Toujours le Loup m'en gobera !

J'aurai beau les compter : ils étaient plus de mille,

Et m'ont laissé ravir notre pauvre Robin ;

Robin mouton qui par la ville

Me suivait pour un peu de pain

Et qui m'aurait suivi jusques au bout du monde.

Hélas ! de ma musette il entendait le son ;

Il me sentait venir de cent pas à la ronde.

Ah le pauvre Robin mouton ! "

Quand Guillot eut fini cette oraison funèbre

Et rendu de Robin la mémoire célèbre.

Il harangua tout le troupeau,

Les chefs, la multitude, et jusqu'au moindre agneau,

Les conjurant de tenir ferme :

Cela seul suffirait pour écarter les Loups.

Foi de peuple d'honneur, ils lui promirent tous

De ne bouger non plus qu'un terme [1].

Nous voulons, dirent-ils, étouffer le glouton

Qui nous a pris Robin mouton.

Chacun en répond sur sa tête.

Guillot les crut, et leur fit fête.

Cependant, avant qu'il fût nuit,

Il arriva nouvel encombre [2],

Un Loup parut ; tout le troupeau s'enfuit :

Ce n'était pas un Loup, ce n'en était que l'ombre.

Haranguez de méchants soldats,

Ils promettront de faire rage ;

Mais au moindre danger adieu tout leur courage :

Votre exemple et vos cris ne les retiendront pas.

(1) De ne pas bouger plus d'un pouce   (2) Embarras

Le cerf se voyant dans l'eau

Dans le cristal d'une fontaine
Un Cerf se mirant autrefois
Louait la beauté de son bois,
Et ne pouvait qu'avecque peine
Souffrir ses jambes de fuseaux,
Dont il voyait l'objet se perdre dans les eaux.
— Quelle proportion de mes pieds à ma tête !
Disait-il en voyant leur ombre avec douleur :
Des taillis les plus hauts mon front atteint le faîte ;
Mes pieds ne me font point d'honneur.
Tout en parlant de la sorte,
Un Limier [1] le fait partir ;
Il tâche de se garantir ;
Dans les forêts il s'emporte [2].
Son bois, dommageable ornement,
L'arrêtant à chaque moment,
Nuit à l'office [3] que lui rendent
Ses pieds, de qui ses jours dépendent.
Il se dédit alors, et maudit les présents
Que le Ciel lui fait tous les ans.

Nous faisons cas du beau, nous méprisons l'utile ;
Et le beau souvent nous détruit.
Ce Cerf blâme ses pieds qui le rendent agile ;
Il estime un bois qui lui nuit.

1) Chien de chasse   _(2) Il s'enfuit_   _(3) Aux services_

L'amour et la folie

Tout est mystère dans l'Amour,
Ses flèches, son Carquois, son Flambeau, son Enfance [1].
Ce n'est pas l'ouvrage d'un jour
Que d'épuiser cette Science.
Je ne prétends donc point tout expliquer ici.
Mon but est seulement de dire, à ma manière,
Comment l'Aveugle que voici
(C'est un Dieu), comment, dis-je, il perdit la lumière ;
Quelle suite eut ce mal, qui peut-être est un bien ;
J'en fais juge un Amant, et ne décide rien.

La Folie et l'Amour jouaient un jour ensemble.

Celui-ci n'était pas encor privé des yeux.

Une dispute vint : l'Amour veut qu'on assemble

Là-dessus le Conseil des Dieux.

L'autre n'eut pas la patience ;

Elle lui donne un coup si furieux,

Qu'il en perd la clarté des Cieux.

Vénus en demande vengeance.

Femme et mère, il suffit pour juger de ses cris :

Les Dieux en furent étourdis,

Et Jupiter, et Némésis (2),

Et les Juges d'Enfer, enfin toute la bande.

Elle représenta l'énormité du cas.

Son fils, sans un bâton, ne pouvait faire un pas :

Nulle peine n'était pour ce crime assez grande.

Le dommage devait être aussi réparé.

Quand on eut bien considéré

L'intérêt du Public, celui de la Partie,

Le résultat (3) enfin de la suprême Cour

Fut de condamner la Folie

A servir de guide à l'Amour.

(1) Le fait d'être représenté par un enfant
(2) En mythologie grecque : Fille de la nuit, elle personnifie la vengeance divine.
(3) La décision

Le cheval et l'âne

En ce monde il se faut l'un l'autre secourir.
Si ton voisin vient à mourir,
C'est sur toi que le fardeau tombe.

Un Âne accompagnait un Cheval peu courtois,
Celui-ci ne portant que son simple harnois,
Et le pauvre Baudet si chargé qu'il succombe.
Il pria le Cheval de l'aider quelque peu :
Autrement il mourrait avant d'être à la ville.
— La prière, dit-il, n'en est pas incivile [1]:
Moitié de ce fardeau ne vous sera que jeu.
Le Cheval refusa, fit une pétarade [2] ;
Tant qu'il vit sous le faix [3] mourir son camarade,
Et reconnut qu'il avait tort.
Du Baudet, en cette aventure,
On lui fit porter la voiture [4],
Et la peau par-dessus encor.

(1) *Impolie*   (2) *Ruade accompagnée de pets*
(3) *Charge, fardeau*   (4) *La charge de la charrette*

Le coq et la perle

Un jour un Coq détourna
Une Perle, qu'il donna
Au beau premier Lapidaire.
"Je la crois fine, dit-il ;
Mais le moindre grain de mil
Serait bien mieux mon affaire. "

Un ignorant hérita
D'un manuscrit, qu'il porta
Chez son voisin le Libraire.
"Je crois, dit-il, qu'il est bon ;
Mais le moindre ducaton*
Serait bien mieux mon affaire. "

* Ancienne monnaie dont la valeur était égale à la moitié d'un ducat

Le lièvre et les grenouilles

Un Lièvre en son gîte songeait

(Car que faire en un gîte, à moins que l'on ne songe ?) ;

Dans un profond ennui ce Lièvre se plongeait :

Cet animal est triste, et la crainte le ronge.

"Les gens de naturel peureux

Sont, disait-il, bien malheureux.

Ils ne sauraient manger morceau qui leur profite ;

Jamais un plaisir pur ; toujours assauts divers.

Voilà comme je vis : cette crainte maudite
M'empêche de dormir, sinon les yeux ouverts.
Corrigez-vous, dira quelque sage cervelle.
Et la peur se corrige-t-elle ?
Je crois même qu'en bonne foi
Les hommes ont peur comme moi. "
Ainsi raisonnait notre Lièvre,
Et cependant faisait le guet.
Il était douteux, inquiet :
Un souffle, une ombre, un rien, tout lui donnait la fièvre.
Le mélancolique animal,
En rêvant à cette matière,
Entend un léger bruit : ce lui fut un signal
Pour s'enfuir vers sa tanière.
Il s'en alla passer sur le bord d'un étang.
Grenouilles aussitôt de sauter dans les ondes ;
Grenouilles de rentrer en leurs grottes profondes.
"Oh! dit-il, j'en fais faire autant
Qu'on m'en fait faire ! Ma présence
Effraie aussi les gens ! je mets l'alarme au camp !
Et d'où me vient cette vaillance ?
Comment ? Des animaux qui tremblent devant moi !
Je suis donc un foudre de guerre !
Il n'est, je le vois bien, si poltron sur la terre
Qui ne puisse trouver un plus poltron que soi. "

La lionne et l'ourse

Mère Lionne avait perdu son faon [1].

Un chasseur l'avait pris. La pauvre infortunée

Poussait un tel rugissement

Que toute la Forêt était importunée.

La nuit ni son obscurité,

Son silence et ses autres charmes,

De la Reine des bois n'arrêtait les vacarmes

Nul animal n'était du sommeil visité.

L'Ourse enfin lui dit : — Ma commère,

Un mot sans plus ; tous les enfants

Qui sont passés entre vos dents

N'avaient-ils ni père ni mère ?

— Ils en avaient. — S'il est ainsi,

Et qu'aucun de leur mort n'ait nos têtes rompues,

Si tant de mères se sont tues,

Que ne vous taisez-vous aussi ?

— Moi me taire ! moi, malheureuse !

Ah j'ai perdu mon fils ! Il me faudra traîner

Une vieillesse douloureuse !

— Dites-moi, qui vous force à vous y condamner ?

— Hélas ! c'est le Destin qui me hait. Ces paroles

Ont été de tout temps en la bouche de tous.

Misérables humains, ceci s'adresse à vous :

Je n'entends résonner que des plaintes frivoles.

Quiconque en pareil cas se croit haï des Cieux,

Qu'il considère Hécube [2], il rendra grâce aux Dieux.

---

(1) A l'époque , ce mot désignait le petit d'une bête sauvage.
(2) Epouse de Priam, mère d'Hector, de Pâris et de Cassandre. Elle
a vu périr son mari, ses enfants, et après la guerre de Troie, elle fut
emmenée en esclavage en Thrace.

La tortue et les deux canards

Une Tortue était, à la tête légère,

Qui, lasse de son trou, voulut voir le pays,

Volontiers on fait cas d'une terre étrangère :

Volontiers gens boiteux haïssent le logis.

Deux Canards à qui la commère

Communiqua ce beau dessein,

Lui dirent qu'ils avaient de quoi la satisfaire :

Voyez-vous ce large chemin ?

Nous vous voiturerons, par l'air, en Amérique,

Vous verrez mainte République,

Maint Royaume, maint peuple, et vous profiterez

Des différentes moeurs que vous remarquerez.

Ulysse en fit autant. On ne s'attendait guère

De voir Ulysse en cette affaire.

La Tortue écouta la proposition.

Marché fait [1], les oiseaux forgent une machine

Pour transporter la pèlerine.

Dans la gueule en travers on lui passe un bâton.

— Serrez bien, dirent-ils ; gardez de lâcher prise.

Puis chaque Canard prend ce bâton par un bout.

La Tortue enlevée on s'étonne partout

De voir aller en cette guise

L'animal lent et sa maison,

Exactement au milieu de l'un et l'autre Oison.

— Miracle, criait-on. Venez voir dans les nues

Passer la Reine des Tortues.

— La Reine. Vraiment oui. Je la suis en effet ;

Ne vous en moquez point. Elle eût beaucoup mieux fait

De passer son chemin sans dire aucune chose ;

Car lâchant le bâton en desserrant les dents,

Elle tombe, elle crève aux pieds des regardants.

Son indiscrétion [2] de sa perte fut cause.

Imprudence, babil, et sotte vanité,

Et vaine curiosité,

Ont ensemble étroit parentage.

Ce sont enfants tous d'un lignage [3].

(1) *L'affaire une fois conclue*   (2) *Son manque de jugement*
(3) *D'une même race*

Le gland et la citrouille

Dieu fait bien ce qu'il fait. Sans en chercher la preuve
En tout cet Univers, et l'aller parcourant,
Dans les Citrouilles j'en ai la preuve.

Un villageois considérant,
Combien ce fruit est gros et sa tige menue :
" A quoi songeait, dit-il, l'Auteur de tout cela ?
Il a bien mal placé cette Citrouille-là !
Hé parbleu ! Je l'aurais pendue
A l'un des chênes que voilà.
C'eût été justement l'affaire ;
Tel fruit, tel arbre, pour bien faire.

C'est dommage, Garo, que tu n'es point entré

Au conseil de celui que prêche ton Curé :

Tout en eût été mieux ; car pourquoi, par exemple,

Le Gland, qui n'est pas gros comme mon petit doigt,

Ne pend-il pas en cet endroit ?

Dieu s'est mépris : plus je contemple

Ces fruits ainsi placés, plus il semble à Garo

Que l'on a fait un quiproquo. "

Cette réflexion embarrassant notre homme :

" On ne dort point, dit-il, quand on a tant d'esprit. "

Sous un chêne aussitôt il va prendre son somme.

Un gland tombe : le nez du dormeur en pâtit.

Il s'éveille ; et portant la main sur son visage,

Il trouve encor le Gland pris au poil du menton.

Son nez meurtri le force à changer de langage ;

" Oh, oh, dit-il, je saigne ! et que serait-ce donc

S'il fût tombé de l'arbre une masse plus lourde,

Et que ce Gland eût été gourde ?

Dieu ne l'a pas voulu : sans doute il eut raison ;

J'en vois bien à présent la cause. "

En louant Dieu de toute chose,

Garo retourne à la maison.

Le nom de Garo est emprunté à la pièce de théatre " Le Pédant joué " de Savinien Cyrano de Bergerac.

Le héron

Un jour, sur ses longs pieds, allait je ne sais où,

Le Héron au long bec emmanché d'un long cou.

Il côtoyait une rivière.

L'onde était transparente ainsi qu'aux plus beaux jours ;

Ma commère la carpe y faisait mille tours

Avec le brochet son compère.

Le Héron en eût fait aisément son profit :

Tous approchaient du bord, l'oiseau n'avait qu'à prendre;

Mais il crut mieux faire d'attendre

Qu'il eût un peu plus d'appétit.

Il vivait de régime, et mangeait à ses heures.

Après quelques moments l'appétit vint : l'oiseau

S'approchant du bord vit sur l'eau

Des Tanches qui sortaient du fond de ces demeures.

Le mets ne lui plut pas ; il s'attendait à mieux
Et montrait un goût dédaigneux
Comme le rat du bon Horace.
— Moi des Tanches ? dit-il, moi Héron que je fasse
Une si pauvre chère ? Et pour qui me prend-on ?
La Tanche rebutée il trouva du goujon.
— Du goujon ! c'est bien là le dîner d'un Héron !
J'ouvrirais pour si peu le bec ! aux Dieux ne plaise !
Il l'ouvrit pour bien moins : tout alla de façon
Qu'il ne vit plus aucun poisson.
La faim le prit, il fut tout heureux et tout aise
De rencontrer un limaçon.

Ne soyons pas si difficiles :
Les plus accommodants ce sont les plus habiles :
On hasarde de perdre en voulant trop gagner.
Gardez-vous de rien dédaigner ;
Surtout quand vous avez à peu près votre compte.
Bien des gens y sont pris ; ce n'est pas aux Hérons
Que je parle ; écoutez, humains, un autre conte ;
Vous verrez que chez vous j'ai puisé ces leçons.

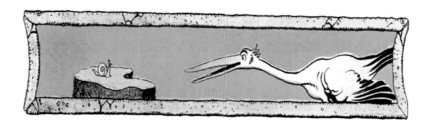

Illustrations

Benjamin Rabier: couverture et pages 10, 20, 21, 24, 33, 36, 38, 40, 47, 50, 51, 54, 66, 67, 70, 71, 75, 78, 79, 104, 105.

Calvet-Rogniat: pages 9, 11, 12, 16, 22, 28, 32, 39, 42, 44, 48, 52, 58, 63, 68, 84, 107.

Auguste Vimar: pages 25, 26, 34, 72, 82, 86, 88, 90, 100.

Gustave Doré: pages 14, 18, 30, 37, 55, 60, 62, 64, 94, 96, 102.

Jean-Baptiste Oudry: pages 76, 98.

Nicolas-André Monsiau: *La Folie conduisant l'Amour, p.92*

Frans Snijders: *The Cock and the Pearl, p.95*

Made in the USA
San Bernardino, CA
18 January 2018